Jessica Forberger

Wahnsinn oder Phantastik? Analyse von „Shutter Island" unter Berücksichtigung der Merkmale der Phantastik

GRIN Verlag

Bibliografische Information der Deutschen Nationalbibliothek:

Die Deutsche Bibliothek verzeichnet diese Publikation in der Deutschen National-
bibliografie; detaillierte bibliografische Daten sind im Internet über http://dnb.d-
nb.de/ abrufbar.

Impressum:

Copyright © 2013 GRIN Verlag GmbH
Druck und Bindung: Books on Demand GmbH, Norderstedt Germany
ISBN: 978-3-656-62924-5

Dieses Buch bei GRIN:

http://www.grin.com/de/e-book/271883/wahnsinn-oder-phantastik-analyse-von-
shutter-island-unter-beruecksichtigung

GRIN - Your knowledge has value

Der GRIN Verlag publiziert seit 1998 wissenschaftliche Arbeiten von Studenten, Hochschullehrern und anderen Akademikern als eBook und gedrucktes Buch. Die Verlagswebsite www.grin.com ist die ideale Plattform zur Veröffentlichung von Hausarbeiten, Abschlussarbeiten, wissenschaftlichen Aufsätzen, Dissertationen und Fachbüchern.

Wahnsinn oder Phantastik?

Analyse von „Shutter Island" unter Berücksichtigung der Merkmale der Phantastik

Seminar: Hauptseminar, NDL

40543: Literarische Phantastik

Institut für Deutsche Sprache und Literatur I, Universität zu Köln

Verfasser: Jessica Forberger

8. Semester

Abgabe: 30. Oktober 2013

Inhaltsverzeichnis:

1. Einleitung

Martin Scorseses „Shutter Island" erfüllt den Zuschauer nicht nur mit Grauen und Schauder, sondern hinterlässt eine Menge ungeklärter Rätsel. Elemente des Unheimlichen, Übernatürlichen und Wahnsinnigen führen bei dem Rezipienten zu einem Moment der Unsicherheit, der dem der Phantastik sehr ähnelt. Die Grenzen zwischen Realität und Fiktion, Psychose und Traum, wahr und falsch verschwimmen recht schnell. Eine Ambivalenz zwischen physischem und psychischem Gefangensein entsteht. Der Zuschauer verliert den Überblick über die Handlung und wird zum Schluss mit der Auflösung allein gelassen.

Nun stellt sich die Frage, in wie weit der Film „Shutter Island" in das Genre der Phantastik eingeordnet werden kann und welche Rolle der Wahnsinn als Motiv hierbei spielt.

Die vorliegende Hausarbeit gliedert sich in vier Teile. Zum einen beschäftigt sie sich mit den grundsätzlichen Merkmalen der Phantastik und des Wahnsinns. Im Verlauf der Arbeit werden sowohl die phantastischen als auch die unheimlichen Bestandteile des Films „Shutter Island" erläutert. Des Weiteren sollen in der Analyse des Films die unterschiedlichen Formen der Ambivalenz und die Unzuverlässigkeit der Filmerzählung beleuchtet werden. Als Forschungsliteratur werden die Aufsätze „Das Bild des Phantastischen: Vom Märchen zum Science Fiction"[1] von Roger Caillois und „Einführung in die fantastische Literatur"[2] von Tzvetan Todorov angeführt. Ergänzt werden diese durch Volker Ferenz „Fight clubs, american psychos and mementos. The scope of unreliable narration in film"[3]. Da der Film recht jung ist (2010) und es zu ihm explizit keine Forschungsliteratur gibt, stützt sich die Argumentation der Filmanalyse im Bezug auf den Wahnsinn als Motiv auf einen kurzen Vergleich zu dem Film „Das Kabinett des Dr. Caligari", der im

---

[1] Caillois, Roger: Das Bild des Phantastischen: Vom Märchen zur Science Fiction. In: Zondergeld, Rein A. (Hg.), Phaicon 1: Almanach der phantasitischen Literatur. Frankfurt: Insel 1974, 44-83.
[2] Todorov, Tzvetan: Einführung in die fantastische Literatur. München: Hanser, 1972, 25-55.
[3] Ferenz, Volker: Fight Clubs, American Psychos and Mementos: The Scope of Unreliable Narration in Film. New Review of Film and Television Studies 3:2 (2005): 133-159.

Rahmen des Seminars besprochen wurde.[4] Hierbei werden Parallelen aufgezeigt und erläutert.

Im letzten Teil der Arbeit soll abschließend die Ausgangsfrage „Wahnsinn oder Phantastik?" diskutiert werden. Hierbei baut die Argumentation auf Horst Lederers „Phantastik und Wahnsinn"[5] auf.

2. Merkmale der Phantastik

Dieser erste Teil der Hausarbeit beschäftigt sich mit den Merkmalen der Phantastik, die in den Aufsätzen der Literaturwissenschaftler Caillois und Todorov angeführt werden. Dies dient dazu, im Verlauf der Analyse die Unzuverlässigkeit der Filmerzählung aufzulösen oder zu interpretieren. Allem voran soll die Bedeutung des Wortes Phantastik kurz skizziert und mit dem Wahnsinns-Begriff verknüpft werden.

2.1 Todorov

Nach Todorov lässt sich Phantastik epistemologisch[6] erklären. Das Phantastische geschieht in einer Welt, die wir kennen. In die Wirklichkeit bricht etwas ein, was uns unwirklich erscheint. Die Entscheidung, ob das Wahrgenommene phantastisch ist, liegt letztlich beim Leser. Nur solange sich der Leser nicht sicher ist und auf keine Erklärung festlegen kann, liegt der Text im phantastischen Moment. Todorov unterscheidet zwischen dem Wunderbaren, wobei sich etwas Unnatürliches durchsetzt und dem Unheimlichen. Bei dem Unheimlichen handelt es sich um eine rationale Erklärung, an deren Ende das Unnatürliche aufgelöst werden kann. Am Ende einer so zwielichtigen Erzählung entscheidet sich der Leser meistens. Das Ungewisse wird von seiner Perspektive her aufgelöst, die Phantastik ist selten. Todorov geht in seinem Aufsatz auf den Wahnsinn jedoch nicht ein.

---

[4] Die Inhalte beider Filme werden als bekannt voraus gesetzt und in der Arbeit nicht weiter zusammengefasst.
[5] Lederer, Horst: Phantastik und Wahnsinn. Geschichte und Struktur einer Symbiose. Köln, 1986.
[6] Epistemologische Bestimmung des Phantastischen: Erkenntnislehre.

2.2 Caillois

Caillois definiert Phantastik ontologisch[7]. Im Gegensatz zu Todorov begründet er das Phantastische in seinem Ursprung, dem Märchen. Er führt an, dass das Phantastische das klassische Märchen ablöst. Folgt man der Definition von Roger Caillois, so ist die Phantastik als eigene Textgattung anzusehen, die wiederum gattungsgeschichtlich vom „Science fiction" abgelöst wird. Er argumentiert, dass es nicht notwendig ist, dass der Leser an das Phantastische glauben muss. Die Furcht vor dem Unheimlichen steht für ihn im Mittelpunkt der Erzählung. Nach Caillois handelt es sich in der phantastischen Erzählung um eine Störung der Realität. Ein Einbruch in die Welt findet statt, der, genauso wie bei Todorov, unerklärlich scheint. Der Wahnsinn als realistischer Lösungsweg bleibt auch von Caillois unbeachtet.

2.3 Der Begriff Wahnsinn

Obwohl der Wahnsinn als Erklärungsweg das Phantastische auflösen soll, so schwingt bei ihm etwas Unheimliches und auch Unerklärbares mit. Für den "normalen", geistig gesunden Menschen ist der Wahnsinnige ebenfalls sonderbar. Ist der Zuschauer, wie bei dem Film „Shutter Island" von der Wahrnehmung des vermeintlich Wahnsinnigen abhängig, wird das Unterscheiden zwischen Wahrheit und Lüge umso schwerer. Wendet man jedoch die Definitionen von den genannten Literaturwissenschaftlern auf den Film an, scheint die Lösung einfach: „Shutter Island" wäre hiernach kein phantastischer Film. Sobald am Ende der Wahnsinn als potentieller Lösungsweg aufkommt ist der Moment der Unsicherheit minimiert oder gar gänzlich aufgelöst. Zum Schluss bleibt nur noch die Frage ob die Hauptfigur, aus dessen Sicht die Handlung gezeigt wird, wirklich wahnsinnig und Insasse der Anstalt ist oder ob dies eine absurde Auflösung ist, um die Lügen und die Verschwörung der Filmhandlung zu vertuschen.

---

[7] Ontologische Bestimmung des Phantastischen: die Lehre vom Sein.

Im folgenden Kapitel soll der Film auf das Übernatürliche und den Wahnsinn untersucht und mit einem ähnlichen Beispielfilm verglichen werden.

2.4 Phantastik und Wahnsinn: Eine Verknüpfung

Grundsätzlich spricht man von Phantastik, wenn der Autor von „Ereignissen [berichtet], die nicht dazu angetan sind, im Leben zu geschehen, jedenfalls nicht, wenn man sich an das allgemeine Wissen einer jeden Epoche in Bezug auf das, was geschehen oder nicht geschehen kann, hält"[8]. Ergänzend ist zu sagen, dass dem Phantastik Begriff angemerkt wird, dass dort „übernatürliche Wesen" auftreten[9]. Todorov, der sich mit dem Begriff auseinander gesetzt hat, kommt zu dem Schluss, dass das Übernatürliche jedoch nicht als Charakterisierung für phantastische Werke ausreicht. Das Phantastische kann eine Grenze in der Wirklichkeit sein, kann aber auch eine Aufarbeitung der Wirklichkeit sein. Möchte man das Übernatürliche erklären, muss man sich als Leser oder Zuschauer verschiedener Methoden bedienen. Zunächst muss er die Zuverlässigkeit des Erzählers analysieren. Außerdem muss er entscheiden, ob das was der Wahrnehmende sieht oder hört Produkt seiner Einbildung oder reale Wahrnehmung sind.

Als elementares Motiv der phantastischen Erzählung dient der Wahnsinn als Erklärungsversuch von Übernatürlichem. Das „Annehmen des Lesers, es handle sich nur um Traum, Wahnsinn oder Halluzination, sind letztlich Auflösungsversuche im Interesse der Rationalität"[10].

Problematisch ist, dass die gängigen Definitionsansätze des Phantastischen, wie zum Beispiel Todorov und Caillois den Wahnsinn als sinnstiftendes Element außen vor lassen. Daher sollen im nächsten Schritt die Definitionen aufs Wichtigste beschränkt zusammengefasst werden. Darauf folgend, soll versucht werden eine treffende Definition für „Shutter Island" auszuarbeiten.

3. Analyse des Films

---

[8] Todorov. Tzvetan. S. 34.
[9] Ebd.
[10] Lederer, Horst. S. 166.

Das Ashcliffe Hospital auf der Insel Shutter Island, welches eine Nervenheilanstalt für psychisch gestörte Schwerverbrecher ist, sucht eine Patientin. Der beauftrage US Marshall Edward „Teddy" Daniels begibt sich auf die Insel, um bei der Suche der verschwundenen Straftäterin zu helfen. Im Laufe der Handlung scheint der Ermittler selbst wahnsinnig zu sein oder zu werden. Die Tragik seiner persönlichen Vergangenheit verhindert die klare Einordnung, ob er wirklich Psychosen oder Albträumen erliegt. Ist Teddy nun selbst Patient oder erliegt er als Ermittler einer Gehirnwäsche durch die Verantwortlichen der Anstalt? Unerklärbare Szenen erschweren die Klärung, was phantastisch, unglaublich oder fiktiv ist.

Um die einzelnen Elemente des Wahnsinns, der Phantastik und des Unheimlichen zu interpretieren soll methodisch nach Ort und Personen unterscheiden werden.

3.1 Entscheidende Charaktere

In diesem Kapitel sollen sowohl die entscheidenden Charaktere und ihre Funktion als auch die Zuverlässigkeit des Erzählers analysiert werden.

Eine Person, die direkt zu Beginn in die Handlung eingeführt wird, ist Teddys Kollege und neuer Partner Chuck Aule, oder aber auch Psychiater Dr. Lester Sheehan. Als Partner von Teddy begleitet er diesen auf seinen Ermittlungen auf der Insel. Er gibt ihm Ratschläge und beaufsichtigt ihn. Teddy scheint ihm an einigen Stellen zu misstrauen. In der Leuchtturmszene gibt er sich als Psychiater Dr. Lester Sheehan zu erkennen. Seine Rolle ist für die Handlung insofern wichtig, weil Teddy ihm an seinen Gedanken und Ermittlungen teilhaben lässt. Er offenbart ihm seine Verschwörungstheorie über den Chefarzt. Dadurch kann der Zuschauer an den komplexen Gedankengängen der Hauptfigur teilhaben kann. Zum anderen wird durch das Misstrauen, welches Teddy zu seinem Partner aufbaut, seine Paranoia sichtbar. Warum Chuck Aule jedoch verschwindet, wird in der Wendepunktszene im Leuchtturm nicht thematisiert. Als wichtigste und komplexeste Person ist US Marshall Edward „Teddy" Daniels als Hauptfigur zu benennen. Zu seiner Person gibt es verschiedene Biographien zwischen denen sich der Zuschauer entscheiden muss, um den Film auflösen zu können. Er kam mit dem Motiv auf die Insel, eine Patientin, die ausgebrochen war zu finden. Zu seiner Vergangenheit ist zu sagen, dass er als junger Soldat in Dachau gewesen ist. Dort hat er an der Befreiung mitgewirkt. Der Fund der Leichenberge hat ihn so schwer traumatisiert, dass dies Auswirkungen, in Form von Alpträumen und Halluzinationen auf die auf der Insel stattfindende Handlung hat. Ein ebenfalls traumatisierendes Erlebnis ist der Tod seiner Frau, die durch eine Brandstiftung ums Leben gekommen sein soll. Glaubt man jedoch den Ärzten, so habe Teddy seine Frau umgebracht, nachdem diese die gemeinsamen drei Kinder im See ertränkt haben soll. An der Befreiung in Dachau soll er wirklich teilgenommen haben. Diese Erinnerungen nutzt er jedoch um das Trauma, welches er durch den Tod seiner Kinder erlitten hat, zu verdrängen. Ungeklärt bleibt Teddys Treffen mit dem vermeintlichen Mörder seiner Frau, dem Hausmeister, der den Brand gelegt haben soll, der ebenfalls auf Shutter Island inhaftiert sein soll. Während des gesamten Films wird Teddy von Migräneanfällen und Übelkeit heimgesucht. Auch die Erklärung hierfür scheint schwer zu finden. Er glaubt, man habe ihm heimlich Psychopharmaka verabreicht. Die Version der Ärzte ist jedoch, dass dies Entzugserscheinungen seiner herkömmlichen Medikamente sind, die er während des inszenierten Rollenspiels nicht bekommen hat. Als Teddy am Ende selbst als der "vermisste" 67. Patient in seiner Zelle ist, und sich den Wahnsinn eingesteht, scheint der Zuschauer dennoch nicht eindeutig wissen zu können, ob dies am Wahnsinn oder an den Psychopharmaka liegt, mit denen man ihn gefügig gemacht haben könnte. Während seiner Ermittlungen auf Shutter Island wird deutlich, dass Teddy den Insassen auf Grund seiner Verschwörungstheorie mehr vertraut, als den Ärzten und Angestellten. Dadurch wird sichtbar, dass er sich zu den "Wahnsinnigen" eher hingezogen fühlt und mit ihnen eher auf einer anderen Ebene interagieren kann, als mit den "Gesunden". Diese Beobachtung spricht dafür, dass er mit der anormalen Welt sympathisiert und sich mit ihr verbunden fühlt, was eine Art Grenzverschiebung darstellt. Glaubt man als Zuschauer der Version den Ärzten haben wir zwei Geschichten die ambivalent zueinander geschehen. Zum einen ist da die Wahnvorstellung Teddys, die wir selbst als Handlung wahrnehmen können. Zum anderen ist da das angebliche Rollenspiel, das uns die Handlung dessen wir Zeugen werden durften in einem ganz anderen Kontext sehen lässt.

Volker Ferenz hat sich in seinem bereits angeführten Aufsatz mit der Zuverlässigkeit des Erzählers im Film auseinander gesetzt. Er unterscheidet in zwei Typen von unzuverlässigen Erzählern: dem unzuverlässigen Erzähler, der dem Zuschauer das liefert, was er sehen und hören kann und dann plötzlich aus der Unzuverlässigkeit ausbricht und Fakten aus der fiktionalen Welt präsentiert. Dann gibt es den unzuverlässigen „voice-over narrator"[11], der eine subjektive Interpretation einzelner Szenen eröffnet und einen Hinweis zur korrekten Interpretation des Gesehenen liefert. Dennoch sind beide Erzähltypen unzuverlässig und der Zuschauer muss zunächst einmal erkennen, dass der Erzähler unzuverlässig ist. In beiden Filmen, sowohl in „Shutter Island", als auch in „das Kabinett des Dr. Caligari" ist der Zuschauer der Unzuverlässigkeit des Erzählers ausgeliefert. Durch das Motiv des Wahnsinns, welches erst am Ende der Filme auftaucht, wird die Zuverlässigkeit des Erzählers in Frage gestellt. Durch das Spiel mit der Erzählzuverlässigkeit bleiben Wahnsinn, als auch die Auflösung der phantastischen Momente problematisch. Daher ist es wichtig auch noch die Orte, die uns als Zuschauer zuverlässig erscheinen, da wir sie selbst sehen können, zu analysieren.

3.2 Die Orte

Zunächst ist zu sagen, dass alle Orte der Handlung symbolisch aufgeladen sind. Sie sind als atmosphärische Träger des Unheimlichen zu betrachten. Der übergeordnete Ort, die Insel gilt im Allgemeinen als „Symbol der Entrückung und Befreiung von allen Zwängen der alltäglichen Existenz"[12]. Diese Symbolhaftigkeit trifft besonders gut auf Shutter Island zu, weil dort die Insassen psychisch krank, und somit als aus der "normalen" Welt entrückt zu betrachten sind. Außerdem symbolisiert sie das Gefangensein der Personen, die sich auf ihr aufhalten. Man kann also von einer Ambivalenz des psychischen und physischen Gefangenseins ausgehen. Nicht nur physisch trifft dies auch auf die Hauptfigur Teddy zu, der auch psychisch gefangen und allein gelassen zu sein scheint. Die Fährfahrt vom Festland auf die Insel kann im übertragenen Sinn als das Verlassen der „normalen" Welt in die Überfahrt in eine chaotische unheimliche oder einfach andere Welt gesehen werden. Nach dem Betreten der Hauptfigur der Insel gibt es kein Zurück in die filmisch reale Welt mehr. Der Sturm, der eine Rückkehr augenscheinlich verhindert, dient dazu, das Gefangensein nochmals zu unterstreichen. Da die Handlung erst auf der Fähre beginnt, enthält der Erzähler dem Zuschauer die Rahmenhandlung vor, die für die Auflösung am Ende entscheidend wäre. Als

---

[11] Ferenz, Volker. S. 133
[12] Wetzel, Christoph. Das große Lexikon der Symbole. Darmstadt 2011.

nächste örtliche Instanz ist die Nervenheilanstalt für psychisch kranke Schwerverbrecher zu nennen. Eine geschlossene Anstalt, die ebenfalls unterstreicht, dass der Ort der Handlung mit der Ordnung der realen Welt bricht. Ein Gefängnis als Schauplatz der Handlung, an dem Menschen leben, die mit der gesellschaftlichen und moralischen Ordnung brechen mussten und deren Psyche als anormal kategorisiert wurde. Damit wird nicht nur der lokale, sondern auch psychische Bruch mit der bestehenden Ordnung dargestellt. Die Insassen leben psychisch in ihrer eigenen Welt, die Teddy betritt. Mit diesen ersten Eindrücken, mit denen der Zuschauer konfrontiert wird, wird ein Setting geschaffen, das viel Raum für unklare Momente schafft. Diese unklaren Momente stellen ihn vor Entscheidungen. Ein wichtiger Raum ist die Zelle der Patientin, deren Verschwinden eigentlich aufgeklärt werden sollte. Aus diesem geschlossenen Raum soll eine Frau verschwunden sein, obwohl es ihr eigentlich nicht möglich sein konnte. Dieses unerklärliche Geschehen kann als phantastisch angesehen werden, da der Ermittler dem Zuschauer keine Erklärung dafür liefern kann. Das Verschwinden der Frau wird von den als rational geltenden Ärzten, als Vertreter der Wissenschaft, ebenfalls nicht ganz deutlich aufgelöst. Am Schluss des Films wird versucht die komplette Existenz der Frau zu erklären, indem gesagt wird, dass der gesamte Fall nur gespielt worden sei, um Teddys Behandlung zu fördern. Dem Zuschauer bleibt jedoch selbst überlassen, ob er diesem Lösungsweg Glauben schenkt. Eine weitere Örtlichkeit ist eine Höhle. Die Höhle, die in der Nacht sehr unheimlich erscheint, wirkt wie ein geschlossener Raum und birgt einen eigenen Teil der Handlung. Am Ende des Films wird Teddy gesagt, dass er sich die Frau, die er dort getroffen haben soll, nur eingebildet habe. Die Frau, die als Ärztin Teddy den Beweis für unmenschliche Experimente an Patienten liefert, soll eine Halluzination gewesen sein. Sie wird ihm als simple Psychose dargelegt. Der letzte Ort, auf den eigegangen werden soll, ist die Leuchtturm und seine Symbolik. Generell dient der Leuchtturm als Wegweiser und Navigator von orientierungslosen Schiffen. Im übertragenen Sinn kann dieser auch als Wendepunkt betrachtet werden. Der Leuchtturm, und das dort stattfindende abschließende Gespräch, eröffnen dem Zuschauer die Möglichkeit sich für eine andere Perspektive zu entscheiden. Nachdem er den gesamten Handlungsverlauf aus Teddys Perspektive wahrgenommen hat, wird hier eine andere Sicht der Geschichte präsentiert. Hier findet eine Wendung statt und der Wahnsinn, als mögliche Erklärung für das mysteriöse Verschwinden der Frau wird geliefert. Es besteht nun die Möglichkeit dem Ermittler, den der Leser durch seine Träume und Erinnerungen begleitet hat, oder den Wissenschaftlern zu vertrauen. Dem Zuschauer wird als Option eröffnet an die Verschwörung, die Teddys Erklärung für das Mysterium um die Patientin sein soll, zu glauben. Um nochmal auf Todorov zurückzukommen, könnte man die Situation als Konflikt für den Zuschauer deuten.

3.3 Der Vergleich

Der Vergleich zwischen den beiden Filmen soll aufzeigen, wie schwierig es ist zwischen Wahnsinn und Phantastik zu unterscheiden. Da dieser bereits Gegenstand des Seminars war, erschien es sinnvoll darauf Bezug zu nehmen und zu verdeutlichen, dass der Wahnsinn als Motiv keine Erfindung der Moderne ist, sondern schon zu Beginn der Filmgeschichte eine zentrale Rolle gespielt hat.

Vergleicht man nun den Film „Shutter Island" mit dem Stummfilm „das Kabinett des Dr. Caligari" fällt auf, wie auch hier der Wahnsinn instrumentalisiert wird, um Momente der Unklarheit zu schaffen. Zentrale Figuren in dem Film, die mit „Shutter Island" verglichen werden können sind Dr. Caligari selbst und Franzis. Franzis, aus dessen Sicht die Geschichte erzählt wird, scheint am Ende wahnsinnig und Insasse einer Psychiatrie zu sein, deren Direktor Dr. Caligari ist. Der Zuschauer ist am Ende des Films in der gleichen Situation wie bei „Shutter Island". Glaubt er der Geschichte von Franzis, dass Caligari den Somnambulen als Mordwaffen benutzt haben soll, um sich seiner Feinde zu entledigen, oder ist dies alles ein Produkt seines Wahnsinns. Das phantastische Element wird jedoch durch die Erklärung um das Rätsel des Schlafwandlers aufgelöst. Auch hier werden weitere Insassen, wie Cesare aus der Rahmenhandlung mit in die Haupthandlung eingebaut. Man weiß nicht, ob Franzis in die Anstalt gekommen ist, weil er Caligari als Mörder und Fädenzieher des Somnambulen enttarnt hat, oder ob er von Anfang an dort gewesen ist. Der Zuschauer kann nur schwer entscheiden, ob es den Schlafwandler Cesare in Form des Schlafwandlers gegeben hat, oder ob seine Biographie auch der Phantasie Franzis entstammt. Beide Handlungen enden mit dem Schauplatz der Anstalt, die für das Groteske, Bizarre und Fremdartige steht. Schlussfolgernd ist das Ergebnis des Vergleichs, dass der Wahnsinn ein sinnvolles

Motiv ist, um den Rezipienten im Moment der Unentschlossenheit belassen zu können. Auffällig im Vergleich der beiden Filme ist die doch entscheidende Tatsache, dass im „Das Kabinett des Dr. Caligiari" kein zweiter „Lösungsweg" eröffnet wird. Der Film „Shutter Island" bietet durch die Seite der Ärzte eine realistische und wissenschaftlich fundierte Erklärung für das Unheimliche oder das Phantastische. Der Zuschauer muss sich demnach nicht auf das Phantastische einlassen, sondern kann sich auf der vermeintlich realistischen Erklärung ausruhen.

4. Wahnsinn oder Phantastik? – die Auflösung

Um die Analyse schließen zu können soll im folgenden Kapitel versucht werden zu einer plausiblen Entscheidung zu kommen.

Freud „sieht ein wesentliches Charakteristikum des Wahnsinns in einem gestörten Verhältnis zur Wirklichkeit. Der Verrückte lebt in einer selbstgeschaffenen, realitätsfernen Phantasiewelt, die nur noch wenig mit der unseren gemein hat".[13] Betrachtet man die bereits getroffenen Definitionen von Phantastik sind deutliche Parallelen zu erkennen. Wir sprechen sowohl in der Phantastik, als auch beim Wahnsinn von selbstgeschaffenen Welten, die in unsere Welt eindringen oder sich zu einem gestörten Verhältnis mit ihr befinden. Obwohl Wahnsinn und Phantastik immer wieder im gleichen Kontext diskutiert werden unterscheiden sich die beiden Begriffe durchaus. Wahnsinn steht nach Lederer für „einen von der Norm abweichenden Zustand der Psyche, [Phantastik] für die irreale Welt unerklärlicher und bizarrer Erscheinungen"[14]. Beide Definitionen passen auf den Film „Shutter Island". Wie in der Analyse durch die Biographie der Hauptfigur bereits belegt scheint Teddy in jedem Fall durch seine traumatisierende Vergangenheit psychisch von der Norm abzuweichen. Hierbei ist lediglich noch das Ausmaß diskutierbar. Durch Lederers Aussage lässt sich bestätigen, dass der Film in Hinblick auf die grotesken und bizarren Ereignisse des Films phantastische Elemente aufweist. Weiter führt Lederer an, dass phantastische Erzählungen rätselhafte Erscheinungen und beklemmende Vorfälle wiedergeben, die „das menschliche Ver-

---

[13] Lederer, Horst. S.15
[14] Ebd. S. 16.

ständnis übersteigen"[15]. Diese Ausarbeitung der Definition zeigt, dass auch diese auf den Film zutreffen. „Shutter Island" ist für den Zuschauer durch die Komponente des Wahnsinns schwer bis gar nicht erklärbar. Rätselhafte und beklemmende Szenen werden bis zum Schluss nicht aufgelöst. Lederer konkretisiert das Ganze, indem er sagt, dass es „um Angst und Entsetzen, Träume und Alpträume, Visionen und Halluzinationen, Fieberphantasien und Delirien, Manien und Zwangsvorstellungen, Bewusstseineintrübungen und –spaltungen [geht]: Phantastische Geschichten sind Geschichten, in denen der Wahnsinn lauert."[16] Auch diese Erweiterung unterstützt die Kategorisierung des Films in die Gattung des Phantastischen.

Die am Anfang der Hausarbeit stehenden Definitionen des Phantastischen von Todorov und Caillois grenzen den Film „Shutter Island" von der Phantastik ab, da sie den Wahnsinn gänzlich unbeachtet lassen. Der thematisierte Wahnsinn liefert für das Geschehen auf der Insel ein klares Motiv. Durch die Impulse von Lederer, der den Wahnsinn mit der Phantastik verknüpft kann man am Ende dieser Arbeit zu dem Fazit kommen, dass der Film definitiv phantastische Elemente vorweist. Das Unheimliche und Groteske werden durch die Wahl des symbolaufgeladenen Settings bedient. Die zwielichtigen Charaktere schaffen unauflösbare Rätsel, die den Zuschauer im Dunkeln tappen lassen. Die verschiedenen Versionen der Biographie der Hauptfigur erschweren diese Entscheidung. Die eigentlichen Vertreter der Rationalität, die Ärzte werden als groteske Figuren dargestellt. Daher fällt es dem Rezipienten schwer ihnen zu vertrauen. Der Moment der Unsicherheit bleibt selbst in der Leuchtturmszene, die einen Wendepunkt in der Handlung bewirkt bestehen.

Da Filme immer von Emotionen und Sympathien begleitet werden und diese unterschiedliche Wirkungen bei jedem Zuschauer individuell auslösen, möchte ich nun diese Hausarbeit mit meinem persönlichen Fazit schließen.

Obwohl „Das Kabinett des Dr. Caligari" im Vergleich zu „Shutter Island" von dem gleichen Motiv des Wahnsinns begleitet wird, fällt es einem als Zuschauer leichter, sich für den rationalen Erklärungsweg zu entscheiden: Franzis scheint durchaus wahnsinnig und Insasse der Psychiatrie zu sein. Auch wenn man seiner

---

[15] Ebd.

[16] Ebd.

Geschichte folgt fühlt man sich als Zuschauer nicht so sehr mit ihm als Charakter verbunden. Der Wahnsinn schafft keine unheimlichen Momente und, sondern liefert bloß durch die Rahmenhandlung einen Lösungsweg für die Binnenhandlung.

Da bei „Shutter Island" keine Rahmenhandlung vorgegeben ist und der Zuschauer direkt in die Haupthandlung eintaucht, wird es zum Schluss schwierig sich für die rationale Rahmenhandlung als Lösungsweg zu entscheiden. Da der Menschenverstand im allgemeinen nach rationalen Erklärungen für das Groteske und Unheimliche sucht, die Ärzte allerding als zwielichtige Gestalten dargestellt werden, sympathisiert man mit der Geschichte der Hauptfigur und ist obgleich Zweifel bestehen bleiben, dazu geneigt dem US Marshall Edward „Teddy" Daniels Glauben zu schenken.

5. Literaturverzeichnis

1. Caillois, Roger: Das Bild des Phantastischen: Vom Märchen zur Science Fiction. In: Zondergeld,
Rein A. (Hg.), Phaicon 1: Almanach der phantasitischen Literatur. Frankfurt: Insel 1974, 44-83.

2. Ferenz, Volker: Fight Clubs, American Psychos and Mementos: The Scope of Unreliable Narration in Film. New Review of Film and Television Studies 3:2 (2005): 133-159.

3. Lederer, Horst: Phantastik und Wahnsinn. Geschichte und Struktur einer Symbiose. Köln, 1986.

4. Todorov, Tzvetan: Einführung in die fantastische Literatur. München: Hanser, 1972, 25-55.

5. Wetzel, Christoph. Das große Lexikon der Symbole. Darmstadt 2011.

Lightning Source UK Ltd.
Milton Keynes UK
UKIC031815150819
347994UK00008B/46